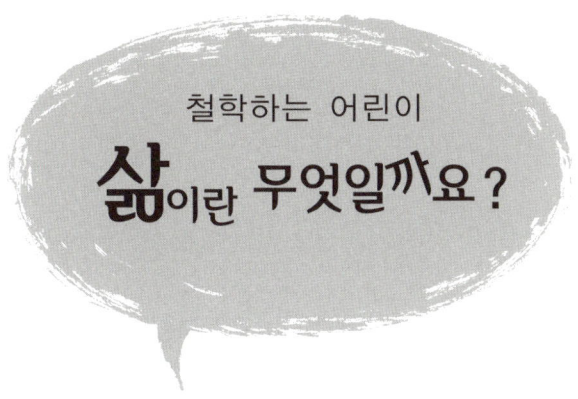

철학하는 어린이

삶이란 무엇일까요?

이 책은 프랑스 낭테르시 어린이들과 오스카 브르니피에 선생님의
철학적 대화를 담은 책입니다.

LA VIE C'EST QUOI?

Written by Oscar Brenifier
Illustrated by Jérôme Ruillier.

Copyright 2004 by Éditions Nathan-Paris, France
Éditions-originale : LA VIE C'EST QUOI?
www.brenifier.com

Korean Translation Copyright 2012 by Maks Publishing Co.,Ltd. (Sangsurinamu)
Korean Edition is published by arrangement with Éditions NATHAN
through PK Agency, Korea.

본 저작물의 한국어 판권은 PK Agency를 통해 Éditions NATHAN과의 독점 계약으로
도서출판 (주)맥스교육(상수리)에 있습니다. 한국 내에서 저작권법에 따라 보호를 받는 책이므로
무단 전재와 무단 복제를 금합니다.

Crédits Photographiques
Pages introduction «Pourquoi meurt-on?» :
photographies gravures de Portrait de femme au chapeau de Louis-Marin Bonnet
et Autoportrait de Rembrandt Van Rijn. Tous droits réservés.
Pages conclusion «Pourquoi meurt-on?» :
photographie gravure de Autoportrait de Rembrandt Van Rijn. Tous droits réservés.

상수리

상수리나무는 가뭄이 들수록 더 깊게 뿌리를 내리고
당당하게 서서 더 많은 열매를 맺습니다.
숲의 지배자인 상수리나무는 참나무과에 속하고, 꿀밤나무라 불리기도 합니다.
성경에 아브라함이 세 명의 천사를 만나는 곳도 상수리나무 앞이지요.
이런 상수리나무의 강인한 생명력과 특별한 능력을 귀히 여겨
출판사 이름을 '상수리'라고 했습니다.
우리 어린이들에게 상수리나무의 기상과 생명력을 키우는
좋은 책을 계속 만들어 가겠습니다.

철학하는 어린이

삶이란 무엇일까요?

글 | 오스카 브르니피에
그림 | 제롬 루이에
옮김 | 박광신

 ## 우리는 왜 질문을 할까요?

어린이들은 많은 질문을 합니다. 그중에는 아주 중요한 질문들도 있어요.
이 질문들을 어떻게 해야 할까요? 부모와 선생님이 질문에 모두 대답해야 할까요?

물론 이 책에서 부모와 선생님의 대답을 제외하려는 건 아니에요.
부모와 선생님의 대답은 어린이 스스로 생각할 수 있게 도움을 줄 수 있으니까요.
그렇지만 어린이 스스로 질문에 대해 생각하고 판단하면서,
독립심을 기르고 책임감도 갖게 하는 것이 바람직하겠죠?

〈철학하는 어린이〉 시리즈에서는 한 질문마다 다양한 답을 제시하고 있습니다.
명확한 대답도 있지만 까다롭고 당황스러운 대답도 있지요.
그리고 이런 대답들은 또다시 새로운 질문을 하게 만듭니다.
생각이란 끝을 모르는 길이니까요.

어쩌면 이렇게 해서 얻게 되는 마지막 질문에는 대답할 수 없을지도 모릅니다.
하지만 차라리 그게 나을지도 몰라요. 답을 줄 수 있는 질문이 아닐지도 모르니까요.
어떤 질문은 단지 물음이 나온 것만으로도 좋을 수 있답니다.
질문이 그 자체로 아름다운 질문이거나
의미와 가치를 갖는 아름다운 문제를 표현하기 때문이지요.
삶, 사랑, 아름다움 또는 선함도 항상 이렇게 질문으로 남게 되겠지요.

그렇지만 답을 찾아가는 과정은 그려질 것입니다.
그 과정으로 들어가 곰곰이 생각해 봅시다.
이러한 과정은 우리가 깨어 있기 원하는 친구들을 만나는 것과 같이 우리를
깨어 있게 할 테니까요.
더 나아가 이런 대화를 확장해 봅시다.
어린이뿐만 아니라 부모님에게도 많은 것을 가져다줄 것입니다.

오스카 브르니피에

추천의 글
자존감을 길러주는 어린이 철학책

한 인간을 만들기 위해서 우주는 억겁의 시간을 기다렸고,
지구는 45억 년을 돌았습니다. 한 존재가 태어나기까지의 과정을 추적한다면
누구나 분명히 고백할 수 있습니다.
'나' 는 이 땅에 온 별이다!
그런데 왜 그 별이 빛을 잃고 돌이 되어 있을까요?
왜 우리는 자신을 과소평가하는 데 익숙할까요? 바로 '나' 때문입니다.
"인간을 낙원에서 추방할 수 있는 자는 오로지 인간뿐" 이라고 한 철학자는
에리히 프롬입니다.
우리는 너무 쉽게 우리 자신을 깎아내려서 스스로 낙원에서 추방한 것이지요.
지금 가난하다고, 당장 일자리가 불안하다고, 더 이상 젊지 않다고, 학벌이
별로라고, 스스로 콤플렉스를 만들면서 45억 년 세월이, 억겁의 세월이 우리를
낳은 까닭을 잊고 살아왔습니다.
〈철학하는 어린이〉 시리즈는 우리가 만든 콤플렉스 때문에 우리가 놓친 삶의
가치를 다시 생각할 수 있도록 해줍니다.
진짜 아름다움은 어떤 건지, 행복은 어디에 있는지, 우리는 왜 자유를 추구하는지,
함께 존재한다는 것의 의미는 무엇인지, '생각' 하게 만듭니다.
생각이란 걸 해보면 우리 마음속에 얼마만한 보화가 있는지 스스로 놀라게 됩니다.
처음에는 별생각 없이 책을 펼쳤습니다. 그러다 놀랐습니다. '아니, 프랑스 어린이
들은 어렸을 때부터 이렇게 스스로 생각하는 훈련을 받나!' 싶어서 말입니다.
'어렸을 때부터 성찰의 논리를 배워 익힌다면, 살면서 무슨 일이 생겨도 세상을
탓하지 않고 마음의 중심을 키워 갈 수 있겠구나!' 싶었습니다.
〈철학하는 어린이〉 시리즈는 내 마음의 보물 창고를 향해 첫발을 내딛게 하는
책입니다. 이 책을 통해서 생각의 춤을 추게 되면 스스로 또 다른 방식의 춤을
추는 법도 익히리라 믿습니다.

수원대학교 철학과 교수 이 주 향

차 례

1 [행복] 우리는 어떻게 행복해질 수 있을까요? …8

2 [야망] 이다음에 성공한 사람이 되고 싶나요? …24

3 [불행] 사는 게 왜 힘들까요? …38

4 [존재] 사람은 왜 존재할까요? …52

5 [삶의 의미] 사람은 왜 살까요? …66

6 [죽음] 사람은 왜 죽을까요? …82

| 행복 |

우리는 어떻게 **행복**해질 수 있을까요?

시험에서 좋은 점수를
받으면 행복해요.

나쁜 점수를 받는 것은
끔찍한 일일까요?

행복 우리는 어떻게 행복해질 수 있을까요?

누구를 위해 좋은 점수를 받으려고 하나요?
자신을 위해서인가요,
아니면 부모님을 위해서인가요?

아무것도 이해하지 못했는데
좋은 점수를 받았어요.
그래도 좋은 건가요?

기분 좋은 일을 하면 행복해요.

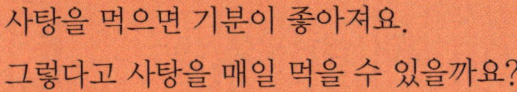

사탕을 먹으면 기분이 좋아져요.
그렇다고 사탕을 매일 먹을 수 있을까요?

우리는 자신이 기분 좋은 일을 해야 할까요?
아니면 다른 사람을 기분 좋게 하는 일을 해야 할까요?

성공하려면 때로는 힘든 일도
해야 하지 않을까요?

우리가 커서
돈이 많아지면 행복해져요.

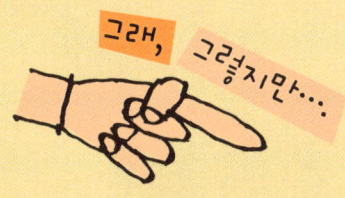
그래, 그럴지만…

어리고 가난한 사람은 행복할 수 없는 걸까요?

나중에 자라나서 훌륭하고
부유한 사람이 되었어요.
그런데 혼자라면 행복할까요?

왜 현재를 인정하고 즐기지 않나요?

친구가 많으면 행복해져요.

그래, 그렇지만……

친구가 얼마나 많은지가 중요할까요?

친구와 다투면 슬프지 않나요?

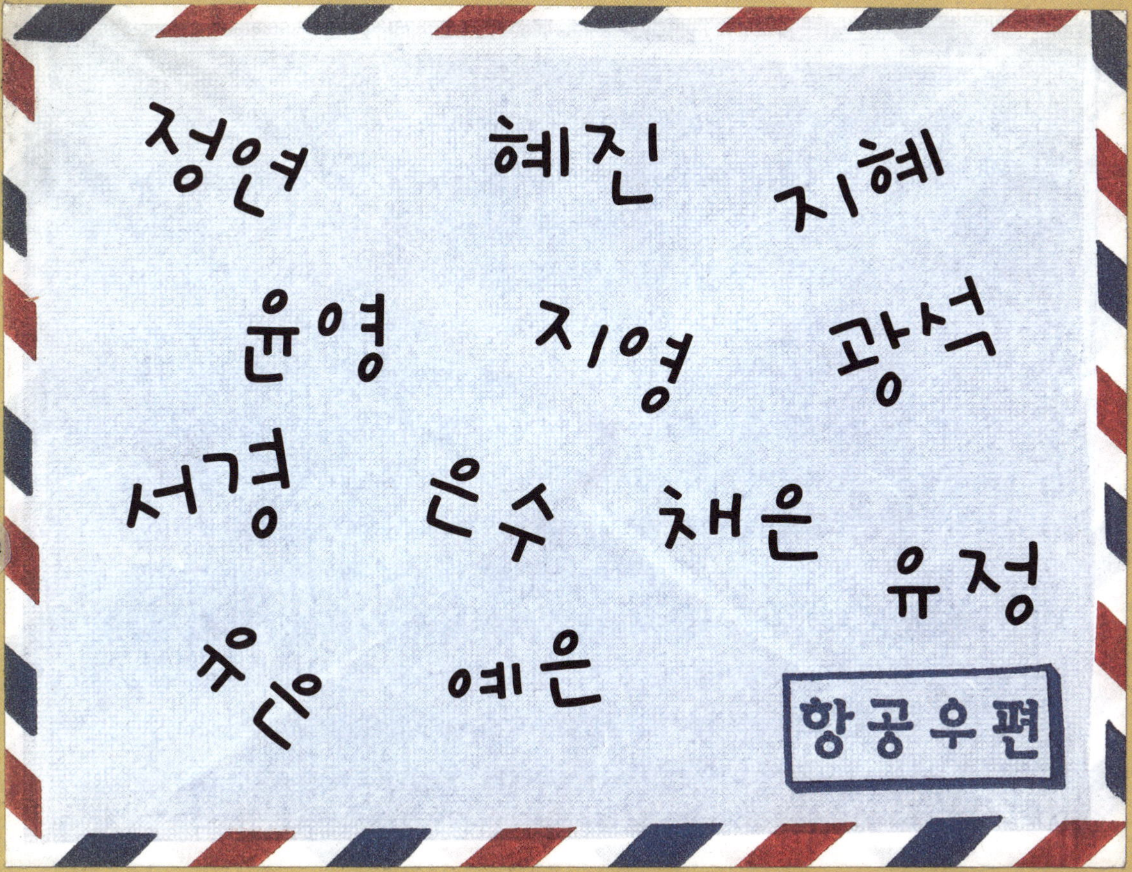

16 | 17

행복 우리는 어떻게 행복해질 수 있을까요?

정연 혜진 지혜
윤영 지영 광석
서경 은수 채은
유은 예은 유정

항공우편

친구가 불행할 때 우리도 불행하지 않나요?

친구가 나 말고 다른 친구들과
친한 게 신경 쓰이나요?

혼나지 않으면 행복해요.

동생을 괴롭히는 사람이 있어요. 그럴 때도 싸우지 않으려고 지켜보기만 할 건가요?

우리가 잘못을 저질러도 사람들은 아무 말 하지 말아야 할까요?

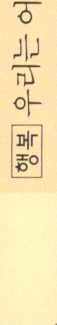

원하는 것을 다 할 수 있으면
행복할 거예요.

그래, 그렇지만…

누구나 자신이 원하는 일을 할 수 있어요.
그런데 그것이 다른 사람을 괴롭게 한다면 어떨까요?

하고 싶은 일이 무엇인지
항상 알 수 있을까요?

하고 싶었던 일을 다해 버리고 나면
그다음에는 무엇을 할 건가요?

행복 우리는 어떻게 행복해질 수 있을까요?

생각정리하기

우리는 모두 행복하길 원해요.
행복은 가장 중요한 것이고, 살면서 꼭 이루어야 할 목적이에요.
그렇다면 우리는 어떻게 행복해질 수 있을까요?
어떤 사람들은 유명해지거나 꿈을 이루면 행복해진다고 믿어요.
또 어떤 사람들은 우정, 평화, 자유를 통해 행복해질 수 있다고 생각해요.
하지만 무언가를 이루어야만 행복해진다고 믿으며
반드시 그것을 얻기 위해 노력해야 할까요?
행복이 그토록 중요한 것일까요?
혹시 누구도 알지 못했던 다른 행복이 있을 수도 있지 않을까요?

이런 질문을 하는 건….

행복해지는 가장 좋은 방법과 자신만의
행복해지는 방법을 찾기 위해서랍니다.

행복은 자신이 만드는 것임을
알고, 우연이나 행운에 의존하지
않기 위해서랍니다.

자신의 있는 그대로의 모습을
받아들이고, 현재 자신이 가지고 있는
것으로 행복해지기 위해서랍니다.

야망

이다음에 성공한 사람이
되고 싶나요?

성공한 사람이 되는 것은
우리의 꿈이에요.

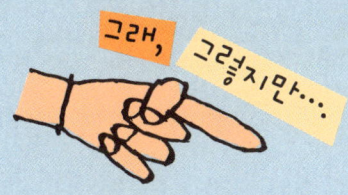

그래, 그렇지만…

되고 싶은 것만 꿈꾸며 살면
현재의 삶을 즐길 수 있을까요?

살다 보면 꿈이 바뀔 수도
있지 않나요?

꿈은 모두 아름다운 걸까요? 현실보다
아름답지 않은 꿈도 있을까요?

꿈을 꾸기만 하면 그 꿈이 모두
이루어지는 걸까요?

부모님께서는 우리가 성공하길 원해요.

그래, 그렇지만…

부모님의 생각이
항상 옳은 걸까요?

부모님께서 우리를 성공한
사람으로 만들 수 있을까요?

부모님 의견과 달리 우리가 성공하고 싶지 않다면,
우리의 삶은 누가 결정해야 할까요?

성공하는 것은 운명이 결정할 거예요.

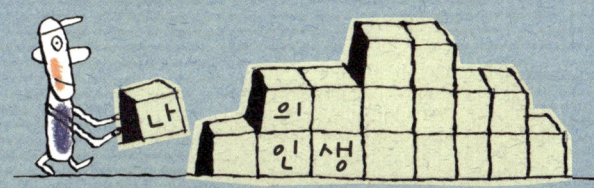

사람들은 왜 운명을 믿는 걸까요?

인생은 자신이 만들고 결정하는 것이 아닐까요?

연습하고 노력하면 성공한 사람이 될 수 있어요.

성공하지 못한 사람도 연습과 노력을 하지 않나요?

정말 뛰어난 사람도 연습과 노력이 필요할까요?

연습하고 노력하면 모두 성공할 수 있나요?

유명해지면 텔레비전에 나오니까 성공하고 싶어요.

텔레비전에 나오는 사람이
텔레비전을 보는 사람보다
더 가치 있는 사람일까요?

성공해서 유명해지는 걸까요?
아니면 유명해지면 성공한 걸까요?

이제 텔레비전에 나오지 않으면
성공한 사람이 아닌 걸까요?

야망 이다음에 성공한 사람이 되고 싶나요?

생각 정리하기

우리는 성공한 사람이 되고 싶어요.
우리는 성공한 사람이 되길 꿈꾸고, 성공한 사람들을 부러워하지요.
꿈을 이루기 위해 그들과 부모님들이
얼마나 많은 노력을 했는지 알지 못한 채 말이에요.
사람들은 흔히 돈을 버는 직업을 통해 성공하려고 해요.
그렇지만 직업이 아닌 다른 것으로도 우리는 성공할 수 있답니다.
결국 우리는 자신만의 성공하는 방법을 스스로 찾아야 한답니다.

이런 질문을 하는 건….

삶을 넓은 시각에서 아름답게 보기 위해서랍니다.

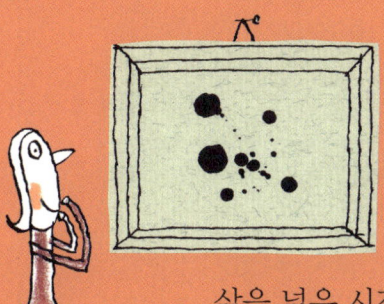

삶의 주인공은 나라는 것을 알기 위해서랍니다.

자신의 능력을 계발하면서 점점 발전하기 위해서랍니다.

성공한 사람도 결국엔 평범한 사람일 수 있다는 것을 알기 위해서랍니다.

나보다 더 강한 사람이 있기 때문에
사는 게 힘든 거예요.

그래, 그렇지만…

모든 것에 다 강한
사람이 있을까요?

우리보다 강한 사람이 때로는
도움을 줄 때도 있지 않나요?

우리보다 강한 사람도 있지만
약한 사람도 있지 않나요?

먹을 게 없어서 굶는 사람들이
있으니까 사는 게 힘들어요.

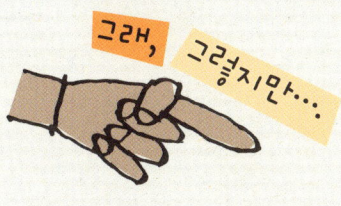

가난한 사람들에게
음식을 나눠주라고 부자들에게
강요할 수 있을까요?

사람들은 왜 자신의 것을
다른 사람들과 나누지 않을까요?

나라가 모든 사람을 책임져야 할까요?
그게 가능할까요?

 우리는 혼자라고 느낄 때
사는 게 힘들어요.

혼자 있는 것이 문제가 될까요?

사랑받고 있을 때도 혼자라고 느끼나요?

다른 사람도 자신이 혼자라고
생각하지 않을까요?

전쟁 때문에 사는 게 힘든 거예요.

전쟁은 왜 일어날까요?

전쟁과 우리는
어떤 관련이 있을까요?

전쟁놀이를 한 적이 있나요?

부모님께서 우리를 이해하지 못할 때 정말 힘들어요.

그래, 그렇지만…

부모님을 이해하려고 노력한 적은 있나요?

우리 부모님은 완벽한가요?

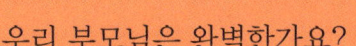

부모님께서 우리를 이해하지 못할 때가 있어요.
그때는 우리를 사랑하지 않는 건가요?

생각정리하기

사는 게 항상 쉬운 것은 아니랍니다.
그건 우리 모두에게 마찬가지예요.
때때로 우리는 자신이 약하고, 남들과 다르며, 사람들이 우리를
이해하지 못한다고 생각해요.
이때 우리는 혼자라고 느끼고 불행해 해요.
하지만 우리는 행복해하기도 하지요.
우리보다 가진 것이 더 없는 가난하고 배고픈 사람들을 보면서 말이에요.
그러면서 우리는 슬퍼하기도 해요.
주변의 안타까운 일들이 왜 일어나는지 이해하지 못하고,
바꾸지 못하기 때문에 슬픈 거예요.
하지만 불행이 무엇인지 알고,
불행을 겪지 않으려고 노력한다는 것 자체가
이미 불행에서 벗어나고 있는 것일지도 모른답니다.

 이런 질문을 하는 건….

세상에는 완벽하지 못한 것, 공평하지 못한 것, 폭력적인 것이 있어요. 이런 현실을 있는 그대로 보기 위해서랍니다.

 행복이 바로 옆에 있음을 알고, 그것을 마음껏 느끼기 위해서랍니다.

내 능력으로 삶을 더 행복하게 만들 수 있다는 것을 이해하기 위해서랍니다.

 다른 사람 없이 행복할 수 없기에 자신만 생각할 수 없다는 것을 이해하기 위해서랍니다.

존재

사람은 왜 **존재**할까요?

사람이 존재하길 신이 원했기 때문이에요.

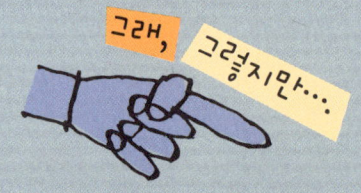

신은 사람을 만들어서
무엇을 하고 싶었던 걸까요?

여기서 말하는 신은 누구일까요?
부처님? 하나님? 하느님?

신을 믿지 않는다면 사람의 존재를
어떻게 설명할 수 있을까요?

존재 사람은 왜 존재할까요?

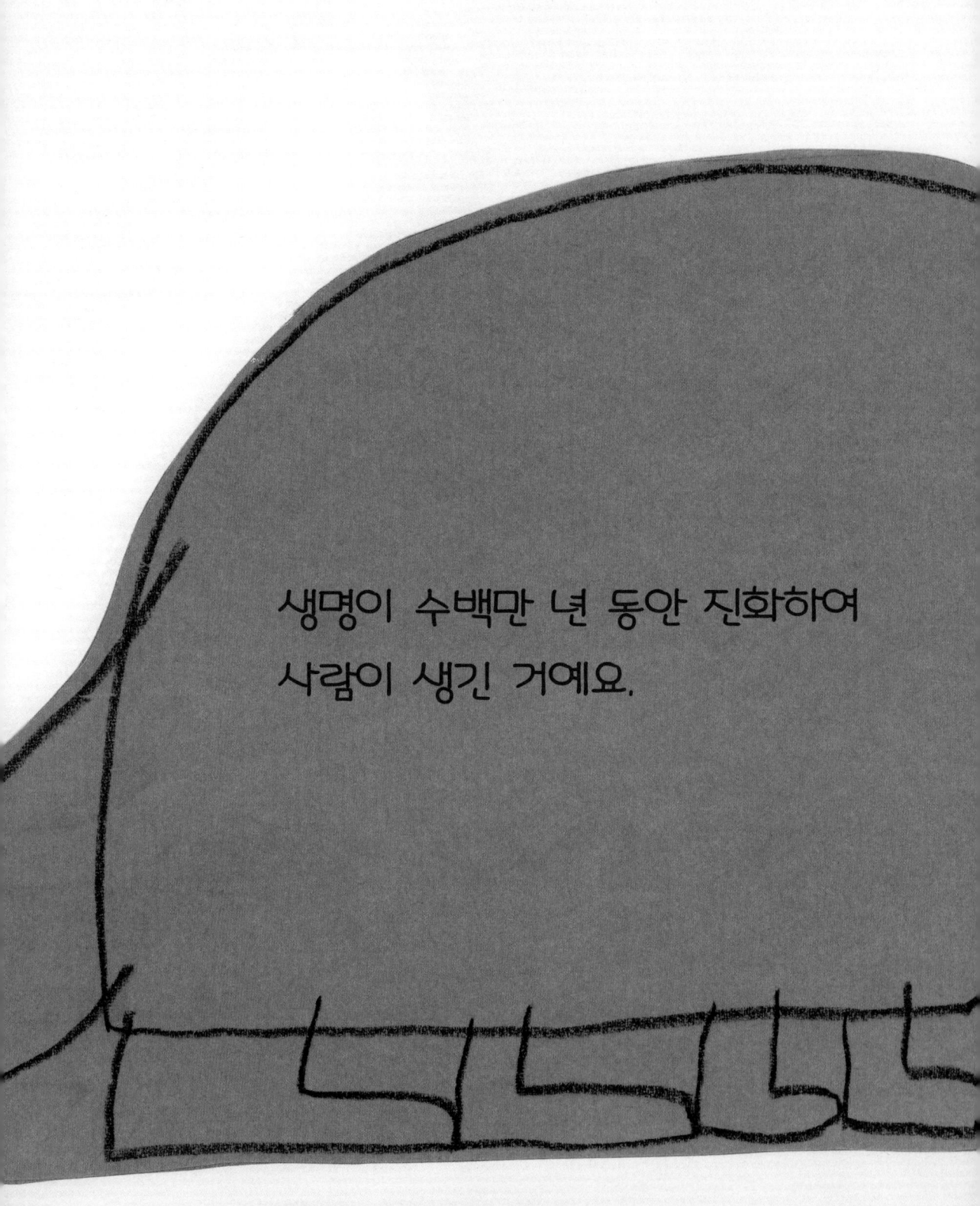

그래, 그렇지만…

생명이 왜 지구에 생겨난 걸까요?

사람이 존재하지 않을 수도 있었을까요?

결국 사람을 만들기 위해 생명이 진화한 걸까요?

지구에 무엇인가 살아야 하니까
사람이 존재하는 거예요.

그래, 그렇지만···

지구에 사람이 필요한 걸까요?

사람에게 지구가 필요한 걸까요?

58 | 59

존재 사람은 왜 존재할까요?

사람이 지구를 파괴할 수도
있지 않나요?

사람만이 지구에서 유일하게
사물을 이해하고 설명할 수 있어요.
그래서 우리가 존재하는 거예요.

그래, 그렇지만…

시간이 흐르면서
사물을 이해하고 설명하는
방식도 바뀌지 않나요?

사람이 사물을 이해하고 설명할 수 있다는 것이 동물, 식물, 별보다 더 낫다는 걸 의미하나요?

사람만 사물을 이해할까요? 사물을 이해하는 다른 존재도 있지 않을까요?

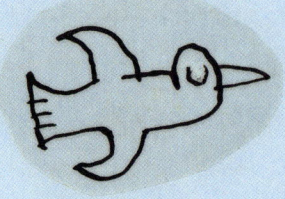

사람이 존재해야 할 이유는 없어요.
그냥 존재하는 것이에요.

그건 답을 알 수 없으니까
그렇게 말하는 것이 아닐까요?

사람이 사람만을 위해 존재하는 걸까요?
사람이 존재하는 다른 이유는 없는 걸까요?

존재 사람은 왜 존재할까요?

사람은 전혀 쓸모가 없는 걸까요?

이유 없이 존재한다는 것이
기분 나쁜가요?

생각 정리하기

이 세상에 사람이 존재하는 건 확실해요.
그런데 이 사실은 우리를 가끔 놀라게 하고,
우리가 왜 존재하는지 생각하고 묻게 만들어요.
우리의 존재는 어떤 의미가 있는 걸까요?
우리를 존재하게 한 것은 신일까요? 아니면 자연일까요?
우리가 없으면 지구는 더 나아질까요?
사람은 똑똑해요.
그러나 이제까지 사람들이 이룬 것을 보면
신기하기도 하지만 두렵기도 해요.
사람이 존재하는 이유는 무엇일까요?
사람이 꼭 맡아서 해야 할 일이라도 있는 걸까요?
사람이 존재하는 것은 그저 우연일까요?
정확하게 알 수는 없지만 받아들여야 하는 그런 우연으로
사람이 존재하는 걸까요?

이런 질문을 하는 건….

날마다 반복되는 일상을 떠나 자신이 존재한다는 놀라움을 느낄 수 있기 위해서랍니다.

우리의 과거는 무엇이었고, 현재는 무엇이며, 미래는 어떨지 묻는 법을 배우기 위해서랍니다.

우리는 서로 다르지만, 인간이라는 점에서 모두 같다는 것을 받아들이기 위해서랍니다.

| 삶의 의미 |

사람은 왜 살까요?

우리는 일하기 위해 살아요.

그래, 그렇지만…

살기 위해 일하는 걸까요?
일하기 위해 사는 걸까요?

일은 왜 하는 걸까요?

일하기 위해 사는 것이라면, 일을 좋아하지
않는 사람은 어떻게 해야 할까요?

또한 일이 없는 사람은 어떻게 해야 할까요?

우리는 인생을 즐기기 위해 사는 거예요.

인생을 항상 즐길 수 있을까요?

 인생을 즐기는 법도 배울 수 있을까요?

모든 사람이 인생을 즐기고 있는 걸까요?

 한 사람이 인생을 즐기는 것으로만 삶을 꽉 채울 수 있을까요?

부모님께서 우리를 선택해서
낳았을까요?

우리가 태어나지 않았더라면
우리는 무엇이 되었을까요?

부모님께서 서로 사랑하셨기 때문에
내가 태어났고, 이렇게 살 수 있는 거예요.

우리가 존재하게 된 것은
오직 부모님 때문일까요?

우리도 나중에 아이를
가지려고 사는 거랍니다.

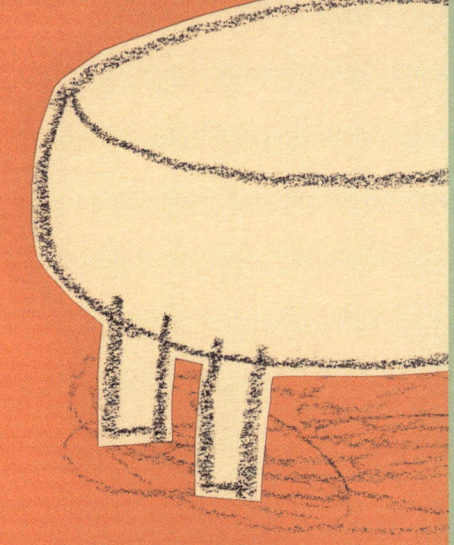

사람들은 누구를 위해 아이를 가질까요?
자신을 위해서일까요?
아니면 태어날 아이를 위해서일까요?

아이를 낳지 않은 사람의
삶은 의미가 없는 걸까요?

부모는 자식의 인생을 통해서도
살 수 있는 걸까요?

우리는 건강하기 때문에
계속 사는 거랍니다.

건강은 선택할 수 있는 걸까요?

몸만 건강하다고 잘 사는 걸까요?

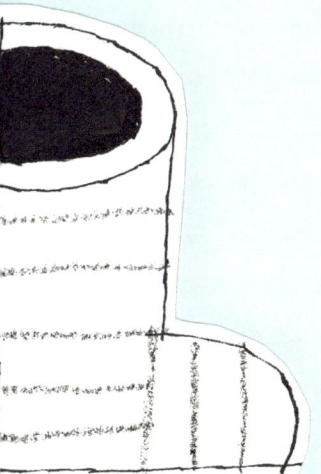

몸이 아플 때도 우리는 살아 있지 않나요?

사람은 다른 사람과 함께
살기 위해 사는 거예요.

그래, 그렇지만…

사람들은 왜 서로를
필요로 할까요?

사람은 자신을 위해 살까요?
아니면 다른 사람을 위해 살까요?

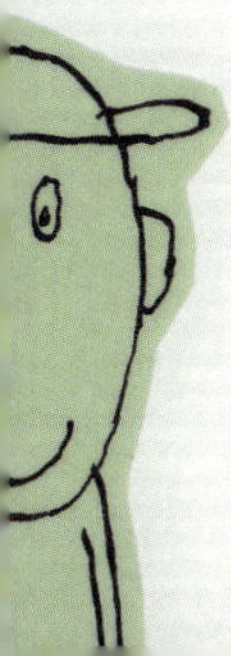

우리가 여기에 없어도 다른
사람들은 지금과 똑같이 살까요?

생각 정리하기

**우리는 아침마다 일어나고, 밥을 먹고,
여러 가지 활동을 하면서 삶을 만들어가요.**
무엇을 위해 그러는 걸까요?
그건 배우고, 즐기고, 일하고, 사랑하고, 아이를 갖고,
다른 사람을 돕기 위해서랍니다.
또는 단순히 우리가 건강하기 때문에 그러는지도 모르지요.
우리가 왜 사는지 반드시 알아야만 하는 걸까요?
어떤 사람들에게는 사는 것 자체가 하나의 충분한 답일 수 있어요.
그들은 풍요롭고 신비한 삶을 있는 그대로 받아들이지요.
그러나 어떤 사람들에게는 사는 것 자체가
왜 사는지에 대한 답이 되지 못한답니다.
이 사람들은 끊임없이 왜 사는지 묻고, 자기 나름대로
삶의 의미를 찾는답니다.

이런 질문을
하는 건….

삶을 다가오는 대로만
받아들이지 않기 위해서랍니다.

삶을 풍요롭게 살기 위해서
중요한 것과 필요한 것이
무엇인지 알기 위해서랍니다.

좋은 질문들이 우리 삶의 방식을 바꿀 수도 있다는 것을
이해하기 위해서랍니다.

죽음

사람은 왜 죽을까요?

영원히 살면 사는 게 지루해질 테니까
사람은 죽는 거예요.

죽지 않은 사람은 한 명도 없었어요.
그런데 영원히 살면 지루해진다는
것을 어떻게 아나요?

사는 게 지겨울 수도 있을까요?

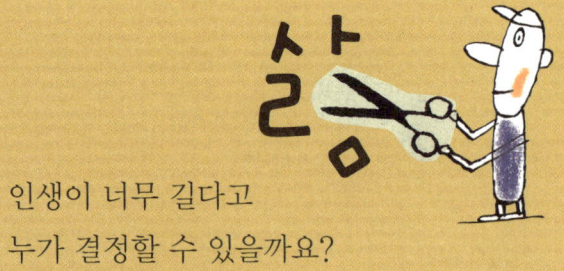

인생이 너무 길다고
누가 결정할 수 있을까요?

죽음 사람은 왜 죽을까요?

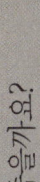

젊어도 죽을 수 있지 않나요?

우리의 몸은 왜 지치는 걸까요?
사는 게 힘들고 불행해서 몸이 더 빨리 지치는 걸까요?

어떤 사람들은 왜 다른 사람들보다 병에 덜 걸리는 걸까요?

죽음 사람은 왜 죽을까요?

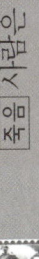

사람이 죽는 것은
죽음이 결정하는 것이에요.

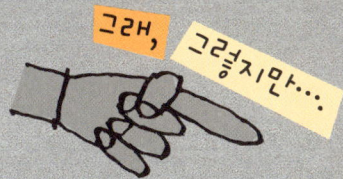

아무 말도 못 하고 죽음을
받아들여야 하는 걸까요?

사람이 죽음을 물리칠
방법이 있을까요?

죽음이 우리를 선택할 때
우리가 죽는 걸까요? 아니면 죽음을
받아들이기로 할 때 우리가 죽는 걸까요?

더는 배울 것이 없을 때
사람은 죽는 거예요.

삶에서 배우는 것 말고
다른 것은 없나요?

우리는 배운 것을 다른 사람에게
가르쳐야 하지 않을까요?

자신의 삶에서 모든 것을
배울 수 있을까요?

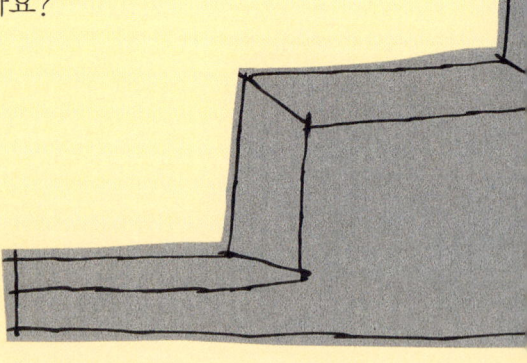

죽음 사람은 왜 죽을까요?

우리는 천국에 가기 위해 죽는 거예요.

죽은 후에 무엇인가 존재한다는
것을 어떻게 알 수 있나요?

천국이 없다면 죽은 사람은
어디로 가는 걸까요?

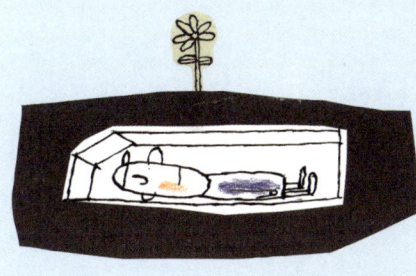

죽으면 반드시 어딘가로
가야 하는 걸까요?

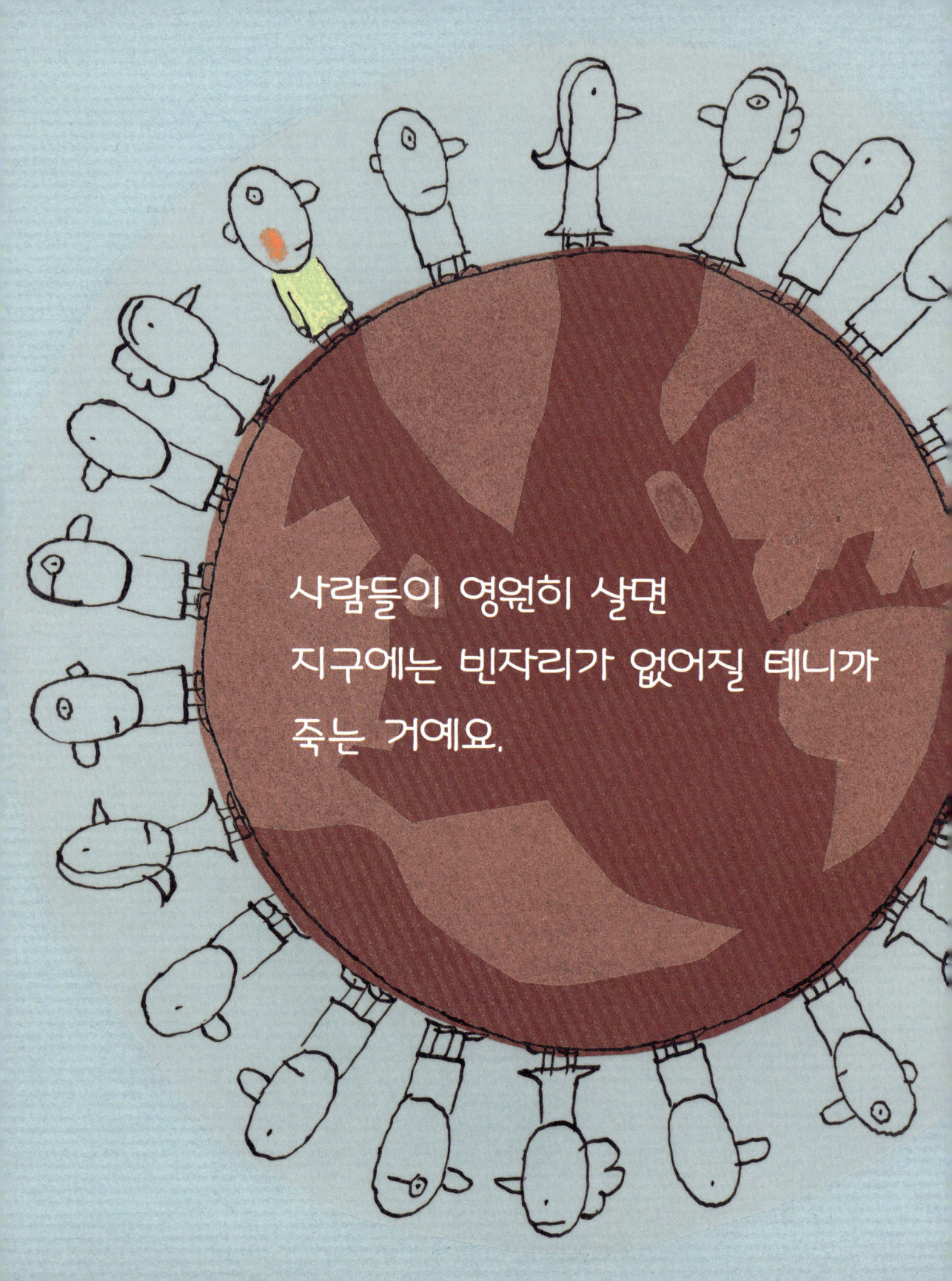

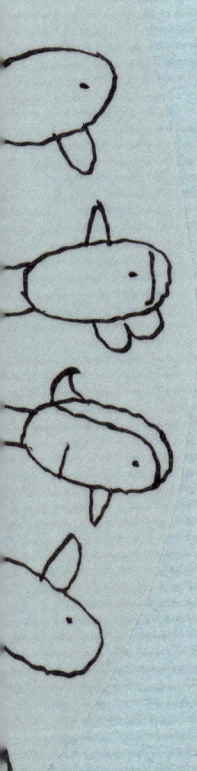

그래, 그렇지만…

죽음 사람은 왜 죽을까요?

정말 지구에 자리가 부족해질까요?

그래서 죽음이 필요하다는 건가요?

날 대신할 사람은 없어.
나도 마찬가지야.

우리는 다른 사람으로 바꿀 수 없는 유일한 사람이지 않나요?

생각정리하기

죽음은 수수께끼 같은 일이에요.

죽음은 우리를 두렵게 하기 때문에
우리는 죽음을 잊고 싶어해요.
마치 우리가 영원히 살 수 있는 것처럼 말이에요.
하지만 이제까지 모든 사람이 죽었던 것처럼
우리는 모두 죽는답니다.
피로에 지쳐 늙어서 죽고,
다른 사람들에게 자리를 넘겨주기 위해 죽고,
천국에 가기 위해 죽지요.
이렇듯 우리는 언젠가 죽는다는 것을 받아들여야 한답니다.
그래야 우리가 지금 살아 있다는 것을 더 잘 느낄 수 있어요.

이런 질문을 하는 건….

언젠가는 죽는다는 사실을 잊지 않고 살아가기 위해서랍니다.

삶의 의미가 사람마다 다르듯, 죽음의 의미도 사람마다 다르다는 것을 이해하기 위해서랍니다.

우리가 영원히 사는 것이 아님을 받아들이고 삶을 더욱 즐겁게 살기 위해서랍니다.

철학하는 어린이 시리즈 06
삶이란 무엇일까요?

글 | 오스카 브르니피에
그림 | 제롬 루이에
옮김 | 박광신

초판 1쇄 발행 | 2012년 1월 31일
초판 9쇄 발행 | 2021년 3월 15일

펴낸이 | 신난향
편집위원 | 박영배
펴낸곳 | (주)맥스교육(상수리)
출판등록 | 2011년 8월 17일(제321-2011-000157호)
주소 | 서울특별시 서초구 마방로2길 9, 보광빌딩 5층
전화 | 02-589-5133(대표전화)
팩스 | 02-589-5088
홈페이지 | www.maxedu.co.kr
블로그 | blog.naver.com/sangsuri_i

기획·편집 | 김사랑
디자인 | 이선주
영업·마케팅 | 백민열
경영지원 | 장주열

ISBN 978-89-97449-03-3 64100

정가 14,000원

* 이 책의 내용을 일부 또는 전부를 재사용하려면 반드시 (주)맥스교육(상수리)의 동의를 얻어야 합니다.
* 잘못된 책은 구입한 곳에서 바꾸어 드립니다.

> 상수리는 독자 여러분의 귀한 원고를 기다리고 있습니다.
> 투고 원고는 이메일 maxedu@maxedu.co.kr로 보내 주세요.

어린이제품안전특별법에 의한 제품 표시
제조자명 (주)맥스교육(상수리) \ 제조국 대한민국 \ 제조년월 2021년 3월 \ 사용연령 만 7세 이상 어린이 제품